# Le missel théo

## des années caté

Directeur de collection
**Michel Dubost**

MAME

# Tu es invité…

Je suis sûr que tu es content quand un ami
te demande de venir à son goûter d'anniversaire.
À la messe, c'est Jésus lui-même qui t'invite,
chaque dimanche.

Et c'est beaucoup plus important
qu'un goûter d'anniversaire :
à chaque messe, si tu le veux, si tu l'acceptes,
il te donne la force de lui ressembler,
de devenir comme lui.
Il se rend présent à toi
pour que tu puisses donner ta vie.
Tu verras… au début, tu auras
du mal à tout comprendre.

Ton missel va t'aider, il te permettra de suivre.
Mais le plus important,
c'est de comprendre avec le cœur,
c'est de savoir dire merci avec le cœur,
merci tout au long de la semaine :

**Rends-toi compte,**
**Dieu fait une fête… et tu es invité !**

Michel Dubost

# Sommaire

# L'année liturgique

Pendant l'année, les vêtements du prêtre changent de couleur en fonction du calendrier liturgique.
Il y a quatre couleurs différentes.

• Le vert est la couleur la plus souvent portée dans l'année.
C'est la couleur de l'espérance et de la confiance.

• Le violet est la couleur des temps de pénitence et de conversion : l'Avent (4 semaines avant Noël) et le Carême (quarante jours avant Pâques).

• Le rouge est la couleur de l'Esprit Saint (Pentecôte), du sang pour la Passion du Christ (Vendredi Saint) et les fêtes des martyrs.

• Le blanc ou l'or sont les couleurs des fêtes : Noël, Pâques, Ascension de Jésus, Toussaint...

# Des positions pour prier

**On ne prie pas seulement avec sa tête.
On prie aussi avec son corps.**

• **On est assis pour bien écouter les lectures et l'homélie.
On peut aussi s'asseoir pour réfléchir et pour prier.**

• **On se met debout pour écouter les paroles de Jésus (l'Évangile), pour dire notre foi avec tous les chrétiens, pour prier tous ensemble.**

• On se met à genoux pour demander pardon et dire qu'on est tout petit devant Dieu.
On se met aussi à genoux pour adorer, c'est-à-dire exprimer un très grand amour et un très grand respect envers Dieu.
On peut le faire au moment de la consécration du pain et du vin. C'est un très beau geste, mais attention : fais-le seulement si tu as la place pour le faire, sans gêner personne et sans faire de bruit.

*À la messe, c'est important de prier tous ensemble. Regarde ce que font les gens autour de toi et fais comme eux. Ainsi, vous serez vraiment le peuple de Dieu, le Corps du Christ.*

# Rassemblement

Depuis 2000 ans, chaque dimanche,
les chrétiens se rassemblent pour écouter
la Parole de Dieu et partager le Pain de la Vie.
La messe, qu'on appelle aussi Eucharistie,
ce qui signifie « action de grâce »,
est la plus grande prière des chrétiens.

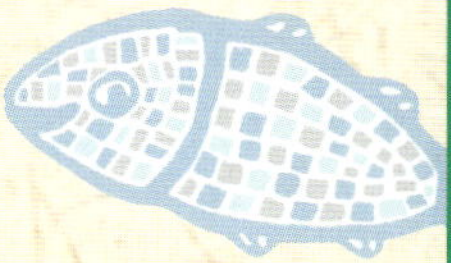

Aller à la messe, c'est répondre
à une invitation,

## celle de Dieu lui-même.

# Accueil

**Au nom du Père,** **du Fils,** **et du Saint-Esprit.**

***Pour faire le signe de la croix, porte ta main droite à ton front, puis à ton cœur, puis à ton épaule gauche et à ton épaule droite. Cela veut dire que la croix de Jésus, c'est-à-dire son amour plus fort que la mort, enveloppe tout ton corps et toute ta vie. Pendant que tu fais ce geste, tu dis que Dieu est Père, Fils et Saint-Esprit, mais qu'il est Un dans l'amour.***

– Au nom du Père, du Fils et du Saint-Esprit.

– Amen.

– Le Seigneur soit avec vous.

– Et avec votre esprit.

– La grâce de Jésus notre Seigneur,
l'amour de Dieu le Père,
et la communion de l'Esprit Saint
soient toujours avec vous.

– Et avec votre esprit.

– Que Dieu notre Père,
et Jésus-Christ notre Seigneur
vous donnent la grâce et la paix.

– Béni soit Dieu,
maintenant et toujours.

*Quand on entre dans une église, on fait une génuflexion, c'est-à-dire qu'on pose un genou à terre devant les signes de la présence du Christ : l'autel, le tabernacle.*

# Seigneur, prends pitié

— Préparons-nous à la célébration de l'Eucharistie
en reconnaissant que nous sommes pécheurs :

— Je confesse à Dieu tout-puissant,
je reconnais devant mes frères que j'ai péché,
en pensée, en parole,
par action et par omission ;
oui, j'ai vraiment péché.
C'est pourquoi je supplie la Vierge Marie,
les anges et tous les saints,
et vous aussi, mes frères,
de prier pour moi le Seigneur notre Dieu.

*Ici, on peut se frapper la poitrine ou s'incliner en signe de repentir.*

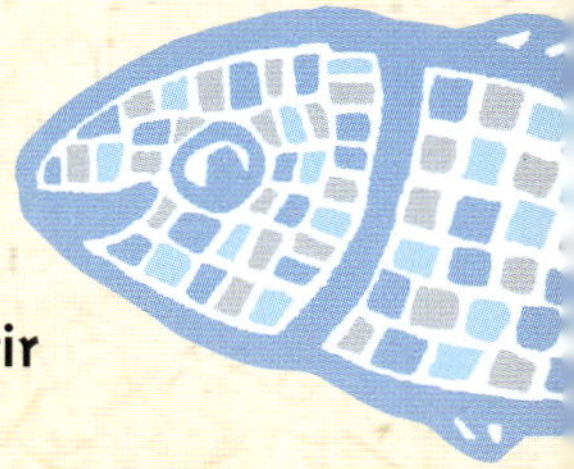

• *Ou bien*

**– Seigneur Jésus, envoyé par le Père pour guérir et sauver les hommes, prends pitié de nous.**

**– Prends pitié de nous.**

**– Ô Christ, venu dans le monde appeler tous les pécheurs, prends pitié de nous.**

**– Prends pitié de nous.**

**– Seigneur, élevé dans la gloire du Père, où tu intercèdes pour nous, prends pitié de nous.**

**– Prends pitié de nous.**

**– Que Dieu tout-puissant nous fasse miséricorde, qu'il nous pardonne nos péchés et nous conduise à la vie éternelle.**

**– Amen.**

• *On dit ou on chante :*

**– Seigneur, prends pitié.**

**Ô Christ, prends pitié.**

**Seigneur, prends pitié.**

*Souvent, on dit le texte de «Seigneur, prends pitié» en grec.* *Tu le trouveras p.54.*

# Gloire à Dieu

— Gloire à Dieu, au plus haut des cieux,
et paix sur la terre aux hommes qu'il aime.
Nous te louons, nous te bénissons, nous t'adorons,
nous te glorifions, nous te rendons grâce,
pour ton immense gloire,
Seigneur Dieu, Roi du ciel,
Dieu le Père tout-puissant,
Seigneur, Fils unique, Jésus-Christ,
Seigneur Dieu, Agneau de Dieu, le Fils du Père ;
toi qui enlèves le péché du monde,
prends pitié de nous ;
toi qui enlèves le péché du monde,
reçois notre prière ;
toi qui es assis à la droite du Père,

prends pitié de nous.
Car toi seul es saint, toi seul es Seigneur,
Toi seul es le Très-Haut, Jésus-Christ,
avec le Saint-Esprit.
Amen.

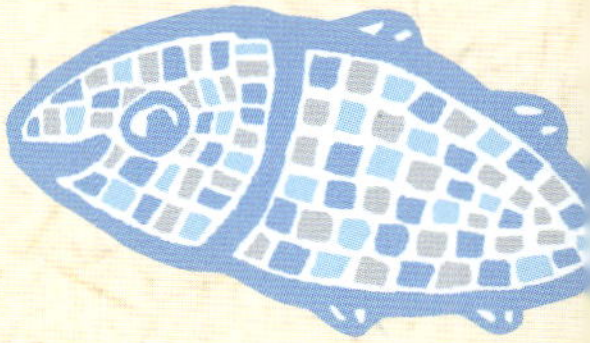

*Tu trouveras le texte latin du « Gloire à Dieu », p. 54*

***La gloire de Dieu, c'est Jésus qui remporte la victoire sur la mort et le malheur. Pendant l'Avent et le Carême, on se prive de chanter le « Gloire à Dieu » pour mieux se préparer à se réjouir de cette victoire de Jésus qui commence à Noël et qui est définitive à Pâques.***

**– Prions.**

• *Le prêtre dit à haute voix une prière. Avec lui, toute l'assemblée prie.*

**... Nous te le demandons par Jésus-Christ, ton Fils,**
**notre Seigneur et notre Dieu,**
**qui règne avec toi et le Saint-Esprit,**
**maintenant et pour les siècles des siècles.**

**– Amen.**

# La parole de Dieu

Maintenant, il s'agit d'ouvrir ses oreilles,
son intelligence et son cœur en grand
car à travers les textes de la Bible
que nous allons entendre,
c'est Dieu lui-même qui parle.
Il nous rappelle
qu'il nous aime
et qu'il veut notre bonheur.

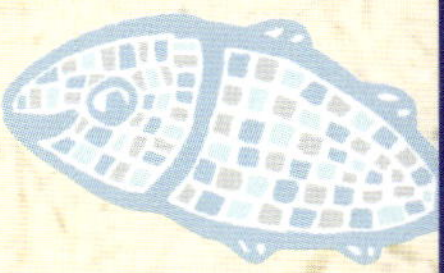

# Lectures

## PREMIÈRE LECTURE

***Tout le monde s'assoit pour écouter la Parole de Dieu. En général, la première lecture est un passage d'un livre de l'Ancien Testament. Il raconte comment Dieu s'est fait connaître et a proposé son Alliance, son amitié, aux hommes, et comment il a préparé un petit peuple à reconnaître son Fils, Jésus. Dans les semaines qui suivent Pâques, on lit des passages des Actes des Apôtres, c'est-à-dire l'histoire des premiers chrétiens qui ont annoncé la résurrection de Jésus et sa victoire sur le péché et la mort.***

***À travers cette lecture, c'est Dieu qui nous parle. C'est pourquoi le lecteur peut terminer en disant :***

– Parole du Seigneur.

**– Nous rendons gloire à Dieu.**

## PSAUME

***Le psaume est la réponse de l'assemblée à la Parole de Dieu. Dans la Bible, il y a 150 psaumes, ce sont de très belles prières, très anciennes, qu'on peut dire ou chanter pour s'adresser à Dieu, lui dire nos joies, nos peines, le remercier ou lui demander de l'aide.***

## DEUXIÈME LECTURE

***La deuxième lecture est un extrait d'une lettre, le plus souvent de saint Paul, parfois d'un autre Apôtre. Ces lettres ont été écrites il y a longtemps, peu de temps après la résurrection de Jésus. Elles sont pleines de bons conseils et d'explications pour aider les premiers croyants et les encourager. Tout cela est encore très utile pour nous aujourd'hui.***

***Écouter ces lettres est aussi une façon d'entendre la Parole de Dieu, c'est pourquoi on conclut souvent cette lecture en disant :***

– Parole du Seigneur.
– **Nous rendons gloire à Dieu.**

# Évangile

***Nous nous levons pour écouter l'Évangile car c'est Jésus lui-même qui est présent par sa Parole.***

**— Alléluia ! Alléluia ! Alléluia !**

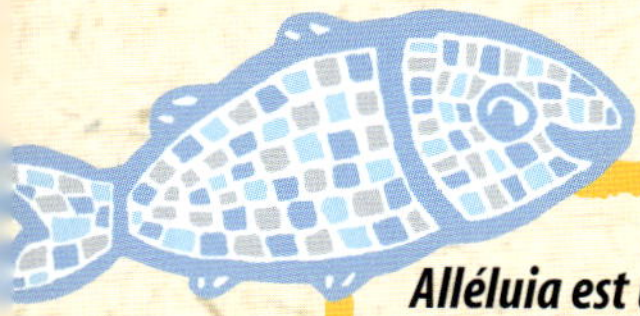

***Alléluia est un mot hébreu (la langue principale de la Bible) qui veut dire « Louez Dieu ». On loue Dieu à cause de Jésus qui nous a aimé jusqu'à mourir. On loue Dieu aussi de l'avoir ressuscité des morts parce que l'on sait que, grâce à Jésus, nous aussi nous ressusciterons un jour. Pendant le Carême, on se prive de chanter l'Alléluia pour mieux laisser éclater notre joie le jour de Pâques.***

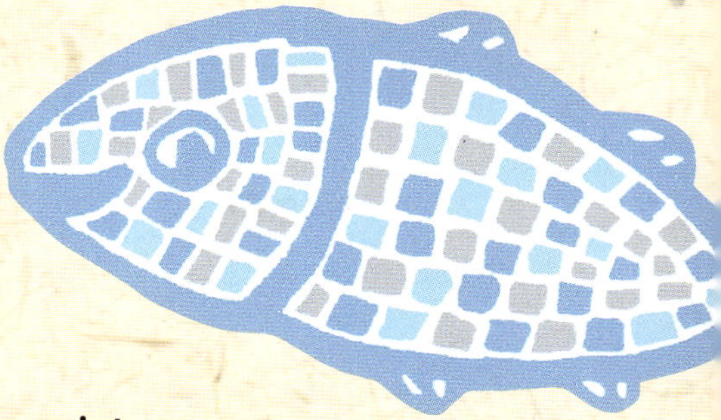

– Le Seigneur soit avec vous.

**– Et avec votre esprit.**

– Évangile de Jésus-Christ selon saint…

**– Gloire à toi, Seigneur !**

***Nous sommes invités à marquer notre front, notre bouche et notre cœur d'une petite croix en priant Dieu d'ouvrir notre intelligence pour que nous comprenions sa Parole, d'ouvrir notre bouche pour que nous la proclamions, d'ouvrir notre cœur pour que nous devenions les témoins de son amour.***

• *Le prêtre lit l'Évangile. L'assemblée reste debout.*

– Acclamons la Parole de Dieu !

**– Louange à toi, Seigneur Jésus !**

***Tout le monde s'assoit pour écouter le prêtre. Il nous aide à comprendre que ce que Jésus a fait et a dit, il le dit et le fait pour nous aujourd'hui.***

# Je crois en Dieu

*Il y a deux textes différents du Credo. Ils disent la même chose, mais l'un est un peu plus long que l'autre. Souvent, on se mélange un peu entre les deux. Voici un petit truc pour savoir tout de suite quel est le texte qui a été choisi : si le prêtre commence en disant « Je crois en Dieu », c'est le Symbole des Apôtres, s'il dit « Je crois en un seul Dieu », c'est celui de Nicée-Constantinople.*

• *Nous nous levons pour dire ensemble la foi de l'Église.*

## SYMBOLE DES APÔTRES

— Je crois en Dieu, le Père tout-puissant,
créateur du ciel et de la terre.
Et en Jésus-Christ, son Fils unique, notre Seigneur,
qui a été conçu du Saint-Esprit,
est né de la Vierge Marie,
a souffert sous Ponce Pilate,
a été crucifié, est mort et a été enseveli,

est descendu aux enfers,
le troisième jour est ressuscité des morts,
est monté aux cieux,
est assis à la droite de Dieu le Père tout-puissant,
d'où il viendra juger les vivants et les morts.
Je crois en l'Esprit Saint,
à la sainte Église catholique,
à la communion des saints,
à la rémission des péchés,
à la résurrection de la chair,
à la vie éternelle. Amen.

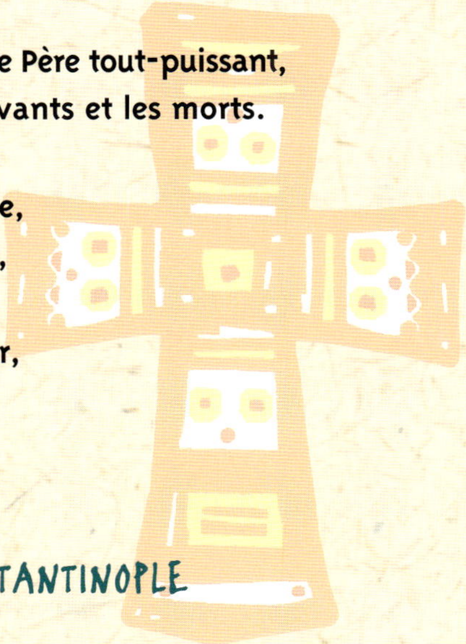

• *Ou*

## SYMBOLE DE NICÉE-CONSTANTINOPLE

— Je crois en un seul Dieu
le Père tout-puissant,
créateur du ciel et de la terre,
de l'univers visible et invisible.
Je crois en un seul Seigneur, Jésus-Christ,
le Fils unique de Dieu,
né du Père avant tous les siècles :
Il est Dieu, né de Dieu, lumière née de
la lumière, vrai Dieu, né du vrai Dieu.
Engendré, non pas créé,
de même nature que le Père,

et par lui tout a été fait.
Pour nous les hommes et pour notre salut,
il descendit du ciel.
Par l'Esprit Saint, il a pris chair
de la Vierge Marie et s'est fait homme.
Crucifié pour nous sous Ponce Pilate,
il souffrit sa Passion et fut mis au tombeau.
Il ressuscita le troisième jour,
conformément aux Écritures,
et il monta au ciel ;
il est assis à la droite du Père.
Il reviendra dans la gloire, pour juger
les vivants et les morts ;
et son règne n'aura pas de fin.
Je crois en l'Esprit Saint,
qui est Seigneur et qui donne la vie ;
il procède du Père et du Fils.
Avec le Père et le Fils,
il reçoit même adoration et même gloire ;
il a parlé par les prophètes.
Je crois en l'Église,
une, sainte, catholique et apostolique.
Je reconnais un seul baptême
pour le pardon des péchés.
J'attends la résurrection des morts,
et la vie du monde à venir.
Amen.

*Tu trouveras le texte latin du « Je crois en Dieu », p. 55*

# Prière universelle

***Maintenant, nous prions tous ensemble pour l'Église et pour les hommes, les femmes et les enfants du monde entier.***

## La quête

***Après cette prière, ce sera le moment de la quête. C'est le signe du partage. Si on t'a demandé de la faire, tiens-toi prêt. Tu pourras commencer quand tout le monde sera assis. Tu tends bien la corbeille et tu regardes les gens en souriant, sans regarder ce qu'ils donnent. Quand tu as fini, tu remontes l'allée centrale et tu t'inclines en signe de respect devant l'autel, avant de déposer la corbeille.***

# Liturgie Eucharistique

## C'est pour tous les hommes, toutes les femmes, tous les enfants,

ceux que nous connaissons et ceux que nous ne connaissons pas,

## que nous célébrons l'Eucharistie.

Tous ensemble, nous sommes le peuple de Dieu, le Corps du Christ. Nous recevons tout l'amour de Dieu et la promesse que, comme Jésus, nous serons ressuscités et vivants dans l'amour, pour toujours. C'est cette promesse, cette Alliance que Dieu renoue sans cesse avec nous.

# Offertoire

***Tout le monde s'assoit pendant que le prêtre prépare le pain et le vin qui vont devenir le corps et le sang de Jésus. Nous prions en silence ; avec le pain et le vin, ce sont nos vies, nos peines, et nos joies qui sont offertes. Le mot offertoire signifie offrande, don.***

– Tu es béni, Dieu de l'univers, toi qui nous donnes ce pain, fruit de la terre et du travail des hommes ;
nous te le présentons : il deviendra le Pain de la Vie.
**– Béni soit Dieu, maintenant et toujours !**

• *Le prêtre verse une goutte d'eau dans la coupe de vin.*

– Comme cette eau se mêle au vin pour le sacrement de l'Alliance, puissions-nous être unis à la divinité de Celui qui a pris notre humanité.

– Tu es béni, Dieu de l'univers, toi qui nous donnes ce vin, fruit de la vigne et du travail des hommes ; nous te le présentons : il deviendra le vin du Royaume éternel.

**– Béni soit Dieu, maintenant et toujours !**

– Humbles et pauvres, nous te supplions, Seigneur ; accueille-nous : que notre sacrifice, en ce jour, trouve grâce devant toi.

• *Le prêtre se lave les mains en disant :*

– Lave-moi de mes fautes, Seigneur, purifie-moi de mon péché.

• *Le prêtre nous invite à nous lever pour prier avec lui.*

– Prions ensemble, au moment d'offrir le sacrifice de toute l'Église.

**– Pour la gloire de Dieu et le salut du monde.**

• *Le prêtre prie sur les offrandes que nous avons apportées. Cette prière est différente chaque dimanche. Elle s'achève ainsi :*

... Nous te le demandons par Jésus-Christ, ton Fils, notre Seigneur et notre Dieu, qui vit et règne avec toi dans l'unité du Saint-Esprit, pour les siècles des siècles.

**– Amen.**

# Saint le Seigneur

— Le Seigneur soit avec vous.

**— Et avec votre esprit.**

— Élevons notre cœur.

**— Nous le tournons vers le Seigneur.**

— Rendons grâce au Seigneur notre Dieu.

**— Cela est juste et bon.**

• *Cette prière qui s'appelle la préface n'est pas toujours la même,*
*elle varie en fonction des moments de l'année,*
*des fêtes et des circonstances.*
*En voici une qui est souvent choisie :*

– Vraiment, Père très saint, il est juste et bon de te rendre grâce, toujours et en tout lieu par ton Fils bien-aimé, Jésus-Christ. Car il est ta Parole vivante, par qui tu as créé toutes choses ; c'est lui que tu nous as envoyé comme Rédempteur et Sauveur, Dieu fait homme, conçu de l'Esprit Saint, né de la Vierge Marie ; pour accomplir jusqu'au bout ta volonté et rassembler du milieu des hommes un peuple saint qui t'appartienne, il étendit les mains à l'heure de sa Passion, afin que soit brisée la mort, et que la résurrection soit manifestée.
C'est pourquoi, avec les anges et tous les saints, nous proclamons ta gloire en chantant d'une seule voix :

**– Saint ! Saint ! Saint ! le Seigneur,**
**Dieu de l'univers, le ciel et la terre**
**sont remplis de ta gloire.**
**Hosanna au plus haut des cieux.**
**Béni soit celui qui vient au nom du Seigneur.**
**Hosanna au plus des cieux.**

*Tu trouveras le texte latin du « Saint le Seigneur », p. 56.*

# Prière eucharistique

***La prière eucharistique est une grande prière qui est le cœur de la messe. Il existe plusieurs textes différents (environ 10 dont 4 principaux) pour cette prière, qu'on choisit selon les circonstances. Cependant, ce qui ne change jamais, ce sont les paroles de la consécration, au moment où le pain et le vin deviennent le corps et le sang du Christ.***

## PRIÈRE EUCHARISTIQUE II

**– Toi qui es vraiment saint,**
**toi qui es la source de toute sainteté,**
**nous voici rassemblés devant toi et,**
**dans la communion de toute l'Église,**
**en ce premier jour de la semaine,**
**nous célébrons le jour**
**où le Christ est ressuscité d'entre les morts.**

**Par lui que tu as élevé à ta droite,**
**Dieu notre Père, nous te prions :**

**Sanctifie ces offrandes**
**en répandant sur elles ton Esprit ;**
**qu'elles deviennent pour nous**
**le corps et le sang de Jésus,**
**le Christ, notre Seigneur.**

*Pendant cette prière, on peut rester debout.*

*On peut aussi se mettre à genoux.*

# Consécration du pain

**– Au moment d'être livré**
**et d'entrer librement dans sa Passion,**
**il prit le pain,**
**il rendit grâce,**
**il le rompit**
**et le donna à ses disciples, en disant :**

**« Prenez et mangez-en tous :**
**ceci est mon corps,**
**livré pour vous. »**

***Le prêtre montre l'hostie pour que nous puissions regarder et adorer. C'est Jésus qui est vraiment présent.***
***C'est vraiment sa vie qu'il nous donne sous la forme du pain eucharistique. En silence, tu peux remercier Dieu.***

# Consécration du vin

**– De même, à la fin du repas, il prit la coupe ;**
**de nouveau, il rendit grâce**
**et la donna à ses disciples, en disant :**

**« Prenez, et buvez-en tous,**
**car ceci est la coupe de mon sang,**
**le sang de l'Alliance nouvelle et éternelle,**
**qui sera versé pour vous et pour la multitude**
**en rémission des péchés.**
**Vous ferez cela en mémoire de moi. »**

***Le prêtre montre la coupe pour que nous puissions regarder et adorer. C'est Jésus qui est vraiment présent.***
***C'est vraiment sa vie qu'il nous donne sous la forme du vin eucharistique. En silence, tu peux remercier Dieu.***

# Anamnèse

• *Ceux qui étaient à genoux se relèvent.*

– Il est grand le mystère de la foi.

**– Nous proclamons ta mort, Seigneur Jésus,**
**nous célébrons ta résurrection,**
**nous attendons ta venue dans la gloire.**

• *Ou*

– Quand nous mangeons ce pain et buvons à cette coupe, nous célébrons le mystère de la foi.

**– Nous rappelons ta mort,**
**Seigneur ressuscité,**
**et nous attendons que tu viennes.**

• *Ou*

– Proclamons le mystère de la foi

**– Gloire à toi qui étais mort,**
**gloire à toi qui es vivant,**
**notre sauveur et notre Dieu :**
**viens, Seigneur Jésus !**

## *Anamnèse*

***Ce drôle de mot compliqué vient du grec « némésis » qui veut dire « mémoire ». En quelques mots, nous rappelons, nous faisons mémoire, de toute la foi des chrétiens : Jésus, qui était mort, est ressuscité, il est vivant et nous attendons son retour.***

# Prière eucharistique (suite)

– Faisant ici mémoire de la mort et de la résurrection de ton Fils, nous t'offrons, Seigneur, le Pain de la Vie et la coupe du Salut, et nous te rendons grâce, car tu nous a choisis pour servir en ta présence.
Humblement, nous te demandons qu'en ayant part au corps et au sang du Christ, nous soyons rassemblés par l'Esprit Saint en un seul Corps.

Souviens-toi, Seigneur, de ton Église répandue à travers le monde : fais-la grandir dans ta charité avec le pape, notre évêque et tous ceux qui ont la charge de ton peuple.
Souviens-toi aussi de nos frères qui se sont endormis dans l'espérance de la résurrection, et de tous les hommes qui ont quitté cette vie : reçois-les dans ta lumière, auprès de toi.

Sur nous tous, enfin, nous implorons ta bonté. Permets qu'avec la Vierge Marie, la bienheureuse Mère de Dieu, avec les Apôtres et les saints de tous les temps, qui ont vécu dans ton amitié, nous ayons part à la vie éternelle, et que nous chantions ta louange, par Jésus-Christ, ton Fils bien-aimé.

— Par lui, avec lui et en lui,
à toi, Dieu le Père tout-puissant,
dans l'unité du Saint-Esprit,
tout honneur et toute gloire,
pour les siècles des siècles.
— Amen.

*Par lui, avec lui et en lui. Lui, c'est Jésus.*
*C'est par Jésus, en Jésus et avec Jésus,*
*que la messe est célébrée.*

# Notre Père

– Unis dans le même Esprit, nous pouvons dire avec confiance la prière que nous avons reçue du Sauveur :

– Notre Père qui es aux Cieux,
que ton nom soit sanctifié,
que ton règne vienne,
que ta volonté soit faite sur la terre comme au ciel.
Donne-nous aujourd'hui notre pain de ce jour.
Pardonne-nous nos offenses,
comme nous pardonnons aussi
à ceux qui nous ont offensés.
Et ne soumets pas à la tentation,
mais délivre-nous du mal.
Amen.

**– Délivre-nous de tout mal, Seigneur, et donne la paix à notre temps ; par ta miséricorde, libère-nous du péché, rassure-nous devant les épreuves en cette vie où nous espérons le bonheur que tu promets et l'avènement de Jésus-Christ, notre Sauveur.**

**– Car c'est à toi qu'appartiennent le règne, la puissance et la gloire, pour les siècles des siècles. Amen.**

*Tu trouveras le texte latin du « Notre Père », le « Pater », p. 56*

***Pour dire le Notre Père, la grande prière des enfants de Dieu que Jésus lui-même nous a apprise, nous pouvons ouvrir les mains, les paumes vers le ciel : c'est un geste de prière très ancien. C'est un peu comme si nous tendions les mains vers Dieu, notre Père, comme des enfants confiants. Parfois aussi, nous nous donnons la main, car nous sommes des frères et des sœurs, les enfants du même Père.***

# Ríte de paíx

— Seigneur Jésus-Christ,
tu as dit à tes Apôtres :
« Je vous laisse la paix,
je vous donne ma paix. »
Ne regarde pas nos péchés
mais la foi de ton Église :
pour que ta volonté s'accomplisse,
donne-lui toujours cette paix,
et conduis-la vers l'unité parfaite,
toi qui règnes pour les siècles des siècles.
— **Amen.**

– Que la paix du Seigneur soit toujours avec vous.

**– Et avec votre esprit.**

– Frères, dans la charité du Christ, donnez-vous la paix.

• *Nous nous tournons vers nos voisins les plus proches en leur tendant la main, ou en les embrassant, et nous leur disons :*

**– La paix du Christ.**

• *Suivant les habitudes, ce geste est proposé chaque dimanche, ou seulement lors des grandes fêtes.*

# Agneau de Dieu

– Agneau de Dieu,
qui enlèves le péché du monde,
prends pitié de nous.

Agneau de Dieu,
qui enlèves le péché du monde,
prends pitié de nous.

Agneau de Dieu,
qui enlèves le péché du monde,
donne-nous la paix.

*Tu trouveras le texte latin de « l'Agneau de Dieu », p. 57*

**– Heureux les invités au repas du Seigneur !**
**Voici l'Agneau de Dieu, qui enlève le péché du monde.**

• *Le prêtre montre l'hostie, qui est le corps de Jésus.*
*Nous regardons et nous adorons. Nous mettons la main droite sur notre cœur, et nous disons :*

**– Seigneur, je ne suis pas digne de te recevoir,**
**mais dis seulement une parole et je serai guéri.**

*L'Agneau de Dieu, c'est Jésus.*

# Communion

• *Le prêtre et ceux et celles à qui il a demandé de l'aider communient les premiers autour de l'autel.*

• *Ceux qui vont communier se dirigent vers l'autel pour recevoir le corps du Christ. Pour communier, tu poses ta main droite sous ta main gauche et tu lèves bien les deux mains à la hauteur de ta poitrine afin que celui qui donne la communion voie bien ton geste. Si tu préfères recevoir la communion sur les lèvres, tu dois bien ouvrir la bouche et surtout tendre la langue.*

*Si tu n'as pas encore fait ta première communion, tu peux avancer dans la procession de communion, en croisant tes mains sur tes épaules pour recevoir la bénédiction.*

***Quand le prêtre te montre l'hostie en disant : « le corps du Christ », tu réponds : « Amen » pour dire que tu crois que Jésus est vraiment présent. N'aie pas honte de parler distinctement, montre que tu communies avec sérieux. Rends-toi compte, c'est Jésus lui-même que tu reçois. Il vient dans « ta maison », c'est-à-dire dans ton cœur.***

• *Le prêtre te dit :*

**— Le corps du Christ.**

• *Tu réponds :*

**— Amen.**

***La prière après la communion est un moment très spécial.
C'est à la fois un moment un peu secret avec Jésus et un moment où tous les chrétiens qui ont communié sont unis entre eux et avec Jésus et sont tous ensemble le Corps du Christ.
Comme saint Pierre, tu peux dire à Jésus :
« Tu sais bien Seigneur que je t'aime. »
Tu peux aussi remercier Dieu en disant cette petite phrase du psaume 132 :
« Oui, il est bon, il est doux pour des frères de vivre ensemble et d'être unis. »***

**— Prions ensemble...**

**Par Jésus-Christ, notre Seigneur.**

**— Amen.**

# Envoi

• Le prêtre annonce les mariages, les enterrements ou les baptêmes, la fête des catéchismes, ou la réunion de la chorale.
Écoute bien, pour savoir ce qui se passe dans ta paroisse. C'est important, car c'est un peu ta famille.

• Le prêtre prononce la bénédiction ; la messe s'achève comme elle a commencé, par le signe de la croix.
Allez, en route pour une nouvelle semaine avec Jésus !

– Le Seigneur soit avec vous.

**– Et avec votre esprit.**

– Que Dieu tout-puissant vous bénisse,

Le Père, le Fils, et le Saint-Esprit.

**– Amen.**

– Allez dans la paix du Christ.

**– Nous rendons grâce à Dieu !**

# Prières

## Ce n'est pas toujours facile de prier.

Même si on croit très fort que Dieu nous aime et nous écoute, on ne sait pas toujours comment s'y prendre !

**Heureusement, il existe de très belles prières** que les chrétiens peuvent dire ensemble, ou dans le silence de leur cœur.

## KYRIE (Seigneur, prends pitié)

Kyrie, eleison.
Kyrie, eleison.

Christe, eleison.
Christe, eleison.

Kyrie, eleison.
Kyrie, eleison.

## GLORIA (Gloire à Dieu)

Gloria in excelsis Deo
et in terra pax hominibus bonae voluntatis.
Laudamus te, benedicimus te, adoramus te,
glorificamus te, gratias agimus tibi
propter magnam gloriam tuam,
Domine Deus, Rex caelestis,
Deus Pater omnipotens.
Domine Fili unigenite, Iesu Christe,
Domine Deus, Agnus Dei, Filius Patris,
qui tollis peccata mundi, miserere nobis,
qui tollis peccata mundi,
suscipe deprecationem nostram,
qui sedes ad dexteram Patris, miserere nobis.
Quoniam tu solus Sanctus,
tu solus Dominus, tu solus Altissimus,
Iesu Christe, cum Sancto Spiritu,
in gloria Dei Patris. Amen.

## CREDO (Je crois en Dieu)

Credo in unum Deum, Patrem omnipotentem,
factorem caeli et terrae,
visibilium omnium et invisibilium.
Et in unum Dominum Iesum Christum,
Filium Dei unigenitum, et ex Patre natum ante omnia saecula.
Deum de Deo, lumen de lumine, Deum verum de Deo vero,
genitum, non factum, consubstantialem Patri,
per quem omnia facta sunt.
Qui propter nos homines et propter nostram salutem
descendit de caelis.
Et incarnatus est de Spiritu Sancto ex Maria Virgine,
et homo factus est.
Crucifixus etiam pro nobis sub Pontio Pilato,
passus et sepultus est,
et resurrexit tertia die, secundum Scripturas,
et ascendit in caelum, sedet ad dexteram Patris.
Et iterum venturus est cum gloria,
iudicare vivos et mortuos,
cujus regni non erit finis.
Et in Spiritum Sanctum,
Dominum et vivificantem ;
qui ex Patre et Filioque procedit ;
qui cum Patre et Filio,
simul adoratur et conglorificatur :
qui locutus est per prophetas.
Et unam, sanctam, catholicam et apostolicam Ecclesiam.
Confiteor unum baptisma in remissionem peccatorum.
Et exspecto resurrectionem mortuorum,
et vitam venturi saeculi.
Amen.

## SANCTUS (Saint le Seigneur)

Sanctus, Sanctus, Sanctus,
Dominus Deus Sabaoth.
Pleni sunt caeli et terra gloria tua.
Hosanna in excelsis.
Benedictus qui venit in nomine Domini.
Hosanna in excelsis

## PATER (Notre Père)

Pater noster, qui es in caelis,
sanctificetur nomen tuum ;
adveniat regnum tuum ;
fiat voluntas tua,
sicut in caelo et in terra.
Panem nostrum quotidianum
da nobis hodie ;
et dimitte nobis debita nostra,
sicut et nos dimittimus
debitoribus nostris ;
et ne nos inducas in tentationem ;
sed libera nos a malo.

## AGNUS DEI (Agneau de Dieu)

**Agnus Dei, qui tollis peccata mundi,
miserere nobis.
Agnus Dei, qui tollis peccata mundi,
miserere nobis.
Agnus Dei, qui tollis peccata mundi,
dona nobis pacem.**

***Le latin est une langue très ancienne. Elle était parlée par les Romains. Quand les chrétiens se sont installés à Rome, le latin est devenu leur langue. Maintenant, plus personne ne parle latin, les Romains parlent italien. Mais ces belles prières en latin permettent à la fois de se souvenir de tous les croyants qui ont vécu et prié avant nous, et de prier avec des gens du monde entier qui ne parlent pas tous la même langue.***

# JE VOUS SALUE MARIE

Je vous salue Marie, pleine de grâce,
le Seigneur est avec vous.
Vous êtes bénie entre toutes les femmes,
et Jésus, le fruit de vos entrailles, est béni.
Sainte Marie, mère de Dieu,
priez pour nous, pauvres pécheurs,
maintenant et à l'heure de notre mort.
Amen.

## MAGNIFICAT

Mon âme exalte le Seigneur,
exulte mon esprit en Dieu, mon Sauveur !

Il s'est penché sur son humble servante ;
désormais, tous les âges me diront bienheureuse.

Le Puissant fit pour moi des merveilles ;
Saint est son nom !

Son amour s'étend d'âge en âge
sur ceux qui le craignent.

Déployant la force de son bras,
il disperse les superbes.

Il renverse les puissants de leurs trônes,
il élève les humbles.

Il comble de bien les affamés,
renvoie les riches les mains vides.

Il relève Israël, son serviteur,
il se souvient de son amour,

de la promesse faite à nos pères,
en faveur d'Abraham et de sa race, à jamais.

Gloire au Père, et au Fils, et au Saint-Esprit,
pour les siècles des siècles. Amen.

## SALVE REGINA

Salve, Regina, mater misericordiae ;
Vita, dulcedo et spes nostra, salve.
Ad te clamamus, exsules filii Evae.
Ad te suspiramus, gementes et flentes
in hac lacrimarum valle.
Eia ergo, advocata nostra,
illos tuos misericordes oculos
ad nos converte.
Et Iesum, benedictum fructum ventris tui,
nobis post hoc exsilium ostende.
O clemens, o pia, o dulcis Virgo Maria.

## REGINA CAELI

Regina caeli, laetare, alleluia,
quia quem meruisti portare, alleluia,
resurrexit sicut dixit, alleluia ;
ora pro nobis Deum, alleluia.

## ANGELUS

L'ange du Seigneur porta l'annonce à Marie,
– et elle conçut du Saint-Esprit.
Je vous salue Marie...

Voici la servante du Seigneur ;
– qu'il me soit fait selon ta parole !
Je vous salue Marie...

Et le Verbe s'est fait chair,
– et il a habité parmi nous.
Je vous salue Marie...

Priez pour nous, sainte Mère de Dieu,
– afin que nous soyons rendus dignes
des promesses du Christ.

Prions le Seigneur. Que ta grâce, Seigneur notre Dieu,
se répande en nos cœurs et, maintenant que nous connaissons,
par le message de l'Ange, l'incarnation de ton Fils bien-aimé,
fais que nous soyons conduits par sa Passion et par sa croix
jusqu'à la gloire de la résurrection.
Par Jésus, le Christ, notre Seigneur.
Amen.

## ACTE DE CHARITÉ

Je t'aime, Père, Amour infini, parce que tu m'as aimé le premier. Que ton Esprit augmente en moi la charité et me fasse aimer tous les hommes comme celui qui les aima jusqu'au bout en donnant sa vie sur la croix, ton Fils, Jésus-Christ, notre Seigneur. Amen.

## ACTE DE CONTRITION

Père, Dieu de tendresse et de miséricorde, j'ai péché contre toi et mes frères. Je ne suis pas digne d'être appelé ton enfant, mais près de toi se trouve le pardon. Accueille mon repentir. Que ton Esprit me donne la force de vivre selon ton amour en imitant celui qui est mort pour nos péchés, ton Fils, Jésus-Christ, notre Seigneur. Amen.

## ACTE DE FOI

Je crois en toi, Dieu d'amour. Tu es un seul Dieu mais tu t'es révélé Père, Fils et Saint-Esprit. En faisant de moi ton enfant par le baptême, tu me fais participer à ta vie, en Église. Fortifie ma foi en ta Parole et donne-moi d'agir en toutes choses comme ton Fils, Jésus-Christ, notre Seigneur. Amen.

## ACTE D'ESPÉRANCE

J'espère en toi, Dieu d'amour. À ceux qui t'aiment tu as promis la présence de l'Esprit Saint. Dans les difficultés de l'existence et à l'heure de la mort, affermis ma confiance en celui qui donne la vie éternelle par sa mort et sa résurrection, ton Fils, Jésus-Christ, notre Seigneur. Amen.

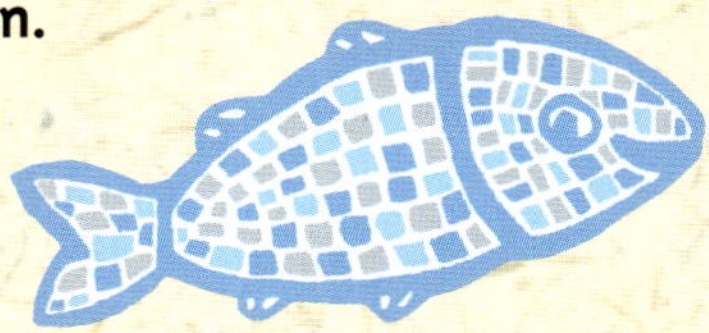

Illustration : Monique Bruant, Stefany Devaux, Laurent Parienty, Élodie Remy
Édition : Fleurus - Mame

Conception visuelle (maquette intérieure) :
Michèle Bisgambiglia
Maquette intérieure et couverture :
Élisabeth Hebert
www.mameeditions.com

ISBN : 978-2-7041-0758-2.
N° d'édition : 15335 - MDS : 751 371
Dépôt légal : mars 2002
« Loi n° 49-956 du 16 juillet 1949 sur les publications destinées à la jeunesse. »

Photogravure : IGS Charente Photogravure
Achevé d'imprimer en novembre 2015
par la SEPEC en France - 10435151008

IMPRIM'VERT®

PEFC™ 10-31-1470 / Certifié PEFC / Ce produit est issu de forêts gérées durablement et de sources contrôlées. / pefc-france.org